Geborgenheit finden

Nach Geborgenheit sehnen wir uns alle. Doch was ist das, wonach wir uns sehnen? Geborgenheit erinnert uns an den Mutterschoß, in dem wir restlos geborgen waren. Da waren wir geschützt. Da mussten wir nichts leisten. Die Sehnsucht nach dem Mutterschoß hat die Religion aufgegriffen, indem sie unsere Sehnsucht auf das Paradies richtet. Paradies ist der Garten Gottes, in dem wir geschützt sind, geborgen, in dem alles wunderbar ist.

In die religiöse Sehnsucht nach dem Paradies oder nach dem Himmel wirkt sicher die Sehnsucht nach dem Mutterschoß nach. Doch es ist keine Sehnsucht der Rückkehr in die Vergangenheit, sondern eine, die in die Zukunft zielt. Die Frage ist jedoch, wie wir auch in der Gegenwart Geborgenheit finden können. Ich möchte einige Wege und Orte beschreiben, wie und wo wir heute Geborgenheit erfahren.

Das Wort »Geborgenheit«

Das deutsche Wort »geborgen« kommt von Berg und Burg. Der Berg bietet uns Schutz. Am Berg sind wir geschützt vor den Stürmen des Lebens. Auf dem Berg werden oft Fluchtburgen gebaut, in die wir uns zurückziehen können vor den Feinden und vor den Unbilden des Lebens. Dieses Bild, dass wir etwas in Sicherheit bringen, hat die deutsche Sprache vor allem auf die Erfahrung des Kindes verwendet, aber auch auf unsere Erfahrung von Heimat.

Das Kind fühlt sich geborgen in den Armen der Mutter. Es fühlt sich geborgen in seinem Bett, wenn es von den Eltern liebevoll angeschaut wird. Und es weiß sich geborgen, wenn es bei den Eltern Verlässlichkeit und Sicherheit erfährt, dass sie immer da sind und dass sie sich ihm zuwenden, wenn es schreit und der Hilfe bedarf. Die Erfahrung des Kindes übertragen wir auch auf unser Leben als Erwachsene. Wir sehnen uns nach Geborgenheit, nach einem Ort, an dem wir sicher sind, an dem uns niemand kritisiert und niemand uns zu schaden vermag. Wir verbinden Geborgenheit mit Heimat. Heimat ist dort, wo ich im Heim bin, wo ich mich wohlfühle. Und Heimat ist dort, wo das Geheimnis wohnt, wo etwas ist, das größer ist als ich selbst.

Viele Menschen klagen darüber, dass sie sich nicht geborgen fühlen, dass sie heimatlos sind, unbehaust, ohne Herberge, in der sie zu Hause sind. Diesen Menschen rate ich, sich in ihre Sehnsucht nach Geborgenheit hineinzumeditieren. Auch der, der keine Geborgenheit erfährt, weiß um die Sehnsucht danach. Und nach einem Wort von Exupéry ist in der Sehnsucht nach Geborgenheit schon Geborgenheit. Indem ich die Sehnsucht spüre, spüre ich auch etwas von Geborgenheit in mir. Und diesem Gefühl soll ich trauen. Dann macht mich die Sehnsucht nach Geborgenheit nicht abhängig von Menschen, die mir dieses Gefühl von Geborgenheit schenken. Sie führt mich vielmehr zu der eigenen Fähigkeit, in mir und in Gott geborgen zu sein.

Bilder von Geborgenheit

Geborgenheit können wir nicht machen. Aber wenn wir uns Bilder von Geborgenheit anschauen, dann kommen wir mit der Sehnsucht nach Geborgenheit in uns in Berührung. Und dann spüren wir schon etwas von dieser Geborgenheit.

Die Bilder wollen sich in uns einbilden und auf diese Weise die Geborgenheit zu einer inneren Erfahrung werden lassen. So möchte ich Dich einladen, die Bilder anzuschauen und Dir vorzustellen, dass das, was Du in den Bildern siehst, auch in Dir ist, dass Du durch das Schauen in das verwandelt wirst, was Du schaust.

Weihnachten

Auch wenn sich viele Menschen mit dem Glauben an Jesus Christus, unseren Erlöser, schwer tun, Weihnachten wollen sie doch feiern. Wenn sie an Weihnachten denken, tauchen Gedanken auf wie: Geborgenheit in der Familie, heile Familie, aber auch Gottesdienste, die einen anrührten, in denen man sich geborgen fühlte, die Feier von Weihnachten im Kreis der Familie, in der man nicht nur gut aß, sondern auch Lieder miteinander vor dem Christbaum und der Krippe sang. Gerade weil man nicht nur das Alltägliche erlebte, sondern eine Familie, die sich um den Christbaum scharte, die miteinander Lieder sang und so Gefühle ausdrückte, die das ganze Jahr über verschüttet waren, gerade deshalb weckt Weihnachten in uns die Sehnsucht nach Geborgenheit, einem Sich-getragen-Wissen von Gott, Sich-umgeben-Wissen von einem Geheimnis, das so das Gefühl von Heimat in uns auslöste.

Aber es ist nicht nur die Geborgenheit im Kreis der Familie, sondern auch das Geheimnis von Weihnachten, das wir feiern. Die Bilder von Weihnachten bringen uns in Berührung mit der Geborgenheit, nach der wir uns sehnen. Die weihnachtlichen Bilder von Maria und Josef, die vor der Krippe knien und ihr Kind anbeten, vermitteln etwas von Geheimnis und Heimat. Auf vielen Bildern hält Maria das Kind in ihren Armen und drückt das kleine Gesicht des

Kindes an ihr Gesicht oder an ihre Brust. Solche Bilder vermitteln uns Geborgenheit.

Viele Menschen stellen in ihren Häusern Krippen auf. Oft ist es eine Krippe, die sie von ihren Eltern oder Großeltern geerbt haben. Da geht es dann nicht nur um die Darstellung von Geborgenheit. Die alten Krippen vermitteln uns, dass wir Anteil haben an den Erfahrungen unserer Vorfahren. Wir bekommen Anteil an ihren Wurzeln. Die Krippen zeigen uns nicht nur das Kind in der Krippe, sondern auch Maria und Josef, Ochs und Esel und die Hirten, die kommen, um es anzubeten.

In den Hirten hat das Volk oft Menschen aus ihrer eigenen Mitte dargestellt. Wenn wir all diese Menschen anschauen, die zur Krippe strömen und die etwas mitbringen von dem, was ihr Leben ausmacht, dann wächst auch in uns die Sehnsucht, uns auf den

Weg zu machen zur Krippe, an einen Ort, an dem auch wir wie die Hirten auf die Knie fallen und einfach nur fasziniert sind von dem, was wir sehen. Geborgenheit hat auch etwas mit Anbetung zu tun. Wir sehnen uns danach, vor dem, was uns im Tiefsten berührt, niederzufallen und in diesem Augenblick uns selbst und unsere eigene Befindlichkeit zu vergessen. Indem wir uns vergessen, sind wir ganz da, sind wir geborgen in etwas, das größer ist als wir selbst.

Die Geborgenheit, die die Weihnachtsbilder hervorlocken, ist jedoch keine Flucht vor der Realität unseres Alltags. Gerade mitten im Leben, in dem wir uns oft durch viele Schwierigkeiten hindurchkämpfen müssen, haben wir in uns eine tiefe Sehnsucht nach Geborgenheit. Es ist die Sehnsucht, sich einfach einmal fallen zu lassen, von liebenden Mutter- oder Vaterhänden getragen zu sein. Für uns darf diese Sehnsucht nicht zur Regression werden, indem wir nur zurückdenken an die Kindheit, in der wir noch geborgen waren. Vielmehr soll uns diese Sehnsucht mitten im Leben auf den Ort hinweisen, an dem wir sicher sind, gehalten, getragen und geborgen. Wir brauchen mitten im Alltag einen inneren Ort, an den wir uns zurückziehen können, um uns geborgen zu fühlen. Dann können wir von dieser Geborgenheit aus auch wieder in die Ungeborgenheit des Alltags hinaustreten.

Weihnachten will uns sagen, dass die Krippe, die uns Geborgenheit schenkt, in unserem Herzen ist. In uns ist ein Raum der Stille, eine Fluchtburg, in die wir uns in Sicherheit bringen können. Teresa von Ávila spricht von der Seelenburg. Im innersten Gemach dieser Seelenburg wohnt Gott. Und dort, wo Gott in uns wohnt, sind wir geborgen. Wir fühlen uns geschützt vor den negativen Stimmungen anderer Menschen, vor ihren Angriffen, vor ihren Verletzungen, vor ihren Urteilen. Und wir fühlen uns heil und ganz, geliebt, getragen und geborgen. Es ist gut, wenn wir uns mitten im Leben immer wieder zurückziehen an diesen inneren Ort der Geborgenheit, nicht um für immer darin zu bleiben, sondern um darin Sicherheit zu erfahren und uns dann der Unsicherheit unseres Lebens neu zuwenden zu können.

Marienbilder

Nicht nur an Weihnachten, sondern auch während des Jahres begegnen uns die vielen Marienbilder. Es gibt keine katholische Kirche, in der nicht eine Marienstatue steht oder ein Bild von Maria hängt.

Viele Familien haben auch in ihren Häusern Bilder oder Statuen von Maria. Beliebt sind da vor allem die Mariahilf-Bilder. Da wendet sich Maria liebevoll ihrem Kind zu und schaut zugleich den Betrachter zärtlich an. Diese Bilder sind für viele Menschen ein Ort, an dem sie Geborgenheit erfahren können. Da spüren sie, dass sich ihnen Maria und durch sie hindurch der mütterliche Gott liebevoll zuwendet. Ein anderes beliebtes Bild ist die Schutzmantelmadonna. Maria hat einen großen Mantel, unter dem sich Kinder, Erwachsene, Könige, Bettler, Männer und Frauen bergen. Eines der ältesten Mariengebete (entstanden im 4. Jahrhundert) spricht vom Schutz Mariens:

Unter deinen Schutz und Schirm fliehen wir,
heilige Gottesgebärerin.

Das Bild der Schutzmantelmadonna wird in dem beliebten Marienlied aus dem Jahre 1640 besungen:

Maria breit den Mantel aus,
mach Schirm und Schutz für uns daraus.

Lass uns darunter sicher stehn,
bis alle Stürm vorübergehn.

Sowohl im Lied als auch im Bild der Schutzmantelmadonna erfahren sich die Menschen beschützt, behütet, getragen und geborgen. Sie spüren, dass sie in dieser Welt nicht allein sind, dass sie den Stürmen und Gefahren der Zeit nicht ungeschützt ausgesetzt sind. Gott breitet wie eine Mutter seinen Mantel über uns. Maria schützt die Menschen unter ihrem weiten Mantel. Und sie hält das kleine Kind liebevoll in ihren Armen. Beide Bilder sind nicht nur Bilder für die Geborgenheit, die uns Maria schenkt oder die uns der mütterliche Gott gewährt. Sie sind auch Bilder, wie wir uns selbst Geborgenheit schenken können.

Die Psychologie spricht heute davon, dass jeder ein verletztes Kind, ein verlassenes, hilfloses, überfordertes, übersehenes, beschämtes und abgelehntes Kind in sich hat. Oft schreit dieses Kind in uns auf, wenn es wieder auf ähnliche Weise wie in der Kindheit verletzt, übersehen, überfordert, verlassen oder beschämt wird.

Maria, die ihr Kind mütterlich umschließt, lädt uns ein, selbst mütterlich mit dem verletzten und verlassenen, mit dem heimatlosen und unbehausten Kind in uns umzugehen und es liebevoll in unsere Arme zu schließen. Wir können uns selbst Geborgenheit schenken, wenn wir uns dem verletzten Kind in uns zuwenden. Und wir sind auch fähig, anderen das Gefühl von Geborgenheit zu vermitteln.

Johannes-Minne

Ein anderes Bild von Geborgenheit hat das Mittelalter in der sogenannten Johannes-Minne geschaffen. Johannes ruht an der Brust Jesu. Er lehnt sich an die Brust Jesu. Und Jesus hält schützend und liebend seine Hand über ihn. Die Szene geht auf die Schilderung des Evangelisten Johannes beim letzten Abendmahl zurück:

Einer von den Jüngern lag an der Seite Jesu; es war der, den Jesus liebte. Simon Petrus nickte ihm zu, er solle fragen, von wem Jesus spreche. Da lehnte sich dieser zurück an die Brust Jesu und fragte ihn: »Herr, wer ist es?«

JOHANNES 13,23–25

Besonders beliebt war die Darstellung der Johannes-Minne in den schwäbischen Frauenklöstern des 14. Jahrhunderts. In diesen Klöstern war die Frauenmystik des Mittelalters weit verbreitet, die eine Liebesmystik war. Johannes sitzt an der linken Seite von Jesus und hat sein Haupt schlafend an die Brust des Herrn gelegt. Die Hände beider ruhen ineinander. Für die Frauen in den Klöstern erfüllte dieses Bild ihre Sehnsucht, bei Jesus Christus Geborgenheit zu erfahren. Das Bild löste in ihnen das Bedürfnis aus, sich auch an der Brust Jesu auszuruhen.

Es sind verschiedene Motive in diesem Bild vereinigt. Da ist zum einen das Bedürfnis, Ruhe zu finden. Zum anderen das Bedürfnis, zärtliche Liebe zu erfahren, sich mit Jesus eins zu fühlen. Beide Motive hängen zusammen. Indem ich mich ganz und gar geliebt weiß, kann ich Ruhe finden. Da kommen all die inneren Zweifel und Selbstvorwürfe in mir zur Ruhe.

Ich finde in dieser Ruhe zugleich Geborgenheit. Ich berge mich in der Liebe Jesu. Er hält entweder seine Hand in meiner – wie es die Bilder der schwäbischen Frauenmystik zeigen – oder aber Jesus und Johannes stehen nebeneinander und Jesus legt seinen Arm um die Schultern des Lieblingsjüngers – wie es vor allem die Buchmalerei des 12. Jahrhunderts zeigt. Beide Gebärden drücken Geborgenheit, Ruhe, Stille, Liebe und Schutz aus.

Himmlisches Jerusalem

An den Triumphbögen oder in der Apsis früher Kirchen ist oft das himmlische Jerusalem dargestellt. Die Darstellung beruht auf dem Buch der Offenbarung:

> *Ich sah die heilige Stadt, das neue Jerusalem, von Gott her aus dem Himmel herabkommen; sie war bereit wie eine Braut, die sich für ihren Mann geschmückt hat. Da hörte ich eine laute Stimme vom Thron her rufen: »Seht, die Wohnung Gottes unter den Menschen! Er wird in*

ihrer Mitte wohnen, und sie werden sein Volk sein; und er, Gott, wird bei ihnen sein. Er wird alle Tränen von ihren Augen abwischen: Der Tod wird nicht mehr sein, keine Trauer, keine Klage, keine Mühsal.«

OFFENBARUNG 21,2–4

Das Bild des himmlischen Jerusalem war die Verheißung von absoluter Geborgenheit, die uns im Himmel erwartet. Es steht für das Paradies, in das wir im Tod hineinsterben. Es verheißt uns aber schon jetzt Geborgenheit. Es steht schon jetzt für die Sehnsucht, hier in dieser Welt in einer sicheren Stadt zu wohnen, in der alles wohl geordnet ist, in der es keine Trauer und kein Leid mehr gibt.

Indem wir bei jedem Gottesdienst auf das himmlische Jerusalem schauen, fühlen wir uns jetzt schon geborgen. Denn wir haben jetzt schon während des Gottesdienstes teil an dem himmlischen Jerusalem. In der Eucharistie steigt gleichsam das himmlische Jerusalem schon zu uns hinab, um uns Anteil zu geben an der Geborgenheit, die darin möglich ist. Der Blick auf dieses Bild lässt uns auch die Stadt, in der wir wohnen, mit anderen Augen anschauen. Etwas vom himmlischen Jerusalem strahlt schon jetzt in meine Stadt hinein, sodass ich auch in ihr Geborgenheit erfahren kann.

Kirche

Jede Zeit hat andere Formen von Kirchen gebaut. Immer aber wollten die verschiedenen Formen des Kirchenbaus Geborgenheit vermitteln. In der Romanik hat man runde Formen bevorzugt. Da erinnerten die Kirchen an den Mutterschoß. Wenn wir uns in eine kleine romanische Kirche setzen, in der nicht viele Kunstwerke sind, sondern nur der Raum selbst auf uns wirkt, dann fühlen wir uns geborgen wie in einem Mutterschoß.

Noch deutlicher wird das in den Krypten der romanischen Kirchen. Da gehen wir gleichsam in die Höhle, die uns an den Mutterleib erinnert und an die vielen Höhlen, in denen man seit jeher Zuflucht gesucht und sich geborgen gefühlt hat. Viele Kinder spielen heute noch gerne, indem sie sich mit großen Tüchern Höhlen schaffen, in denen sie sich geborgen wissen.

Die Gotik hat eine andere Weise von Geborgenheit vermittelt. Die hoch aufragenden Säulen und der hohe Raum laden uns ein, nach oben zu schauen. Da kann man sich das Wort des Apostels Paulus vorstellen:

Unsere Heimat ist im Himmel.

PHILIPPERBRIEF 3,20

Die Barockkirchen stellen eine andere Form von Geborgenheit dar. Wenn ich mich in eine Barockkirche setze, fühle ich mich umgeben von vielen Heiligenfiguren, von vielen Engeln, die überall hervorschauen. Überall schaue ich auf Bilder, die das Wirken Gottes an den Heiligen darstellen. Ich fühle mich in der Barockkirche nicht allein, sondern umgeben von vertrauten Menschen, die jetzt bei Gott sind. Ich fühle mich umgeben von Engeln und vom Leben, das in den Bildern dargestellt ist.

Heute werden andere Formen von Kirchen gebaut. Da gibt es die Zeltkirchen, die mich daran erinnern, dass wir hier in dieser Welt nur als Pilger sind, die immer wieder innehalten in dem Zelt, das sie für kurze Zeit aufschlagen.

Natur

Viele Menschen fühlen sich in der Natur geborgen. Sie gehen im Wald spazieren und erfahren den Wald als einen mütterlichen Ort, in dem sie sich umgeben wissen von schützenden Bäumen. Andere legen sich auf die blühende Wiese. Sie fühlen sich getragen von der Erde. Sie fühlen sich geborgen, weil die Natur sie nicht bewertet. Sie dürfen sein, wie sie sind. Und sie fühlen sich geborgen, weil die Natur sie trägt.

Sie fühlen sich dazugehörig. Sie sind ein Teil der Natur. Sie müssen sich nicht beweisen, sondern dürfen in der Natur einfach sein, wie sie sind. Die Natur hat etwas Mütterliches an sich. Nicht umsonst sprechen wir von der Mutter Erde. Indem wir uns auf den Boden legen, legen wir uns in die mütterlichen Hände der Erde und letztlich in die mütterlichen Hände Gottes.

Gebete um Geborgenheit

In vielen Gebeten und Liedern und auch in vielen Bibelworten wird das Thema der Geborgenheit angesprochen. Ich möchte nur ein paar Gebete und Bilder, die vor allem in den Psalmen immer wieder vorkommen, anschauen und meditieren. Im Psalm 131 heißt es:

Ich ließ meine Seele ruhig werden und still.
Wie ein gestilltes Kind bei der Mutter,
so ist in mir meine Seele gestillt.

PSALM 131,2

Wer diese Worte betet oder singt, der fühlt sich bei Gott wie bei einer Mutter geborgen. Gott wird hier mit einer stillenden Mutter verglichen, die dem Kind das gibt, was es braucht, damit es wieder Ruhe findet. Dieses Bild der Mutter für Gott greift der Prophet Jesaja auf, wenn er Gott zu uns sprechen lässt:

Wie eine Mutter ihren Sohn tröstet,
so tröste ich euch.

JESAJA 66,13

Und das Bild der uns umarmenden Mutter hat der Psalmist im Sinn, wenn er betet:

Von hinten und von vorne hältst du mich umfangen, du legtest deine Hand auf mich.

PSALM 139,5

Wenn wir diese Worte betend und meditierend in uns eindringen lassen, dann können wir Geborgenheit erfahren. Andere Bilder von Geborgenheit sind das Bild der Zuflucht, des Felsens und der Flügel einer Henne. So heißt es in Psalm 71:

Bei dir, o Herr, suche ich Zuflucht,
lass mich nicht zuschanden werden in Ewigkeit!
Sei mir ein bergender Felsen,
zu dem ich allzeit kommen darf.
Du hast entschieden, mich zu retten,
du bist ja mein Fels und meine Feste.

PSALM 71,1.3

Zu Gott können wir fliehen, wenn wir uns verfolgt fühlen von Menschen, wenn wir uns fremd fühlen in dieser Welt. Da ist Gott für uns eine Zuflucht, ein sicherer Ort, an dem wir uns geschützt fühlen. Und Gott ist wie ein Felsen, auf dem wir sicher stehen können. Der Felsen ist ein gutes Fundament für unser Lebenshaus. Er ist aber oft auch Schutz vor den Gefahren. Er ist ein bergender Fels, der uns Schutz vor Unwetter, Sturm und Regenschauer bietet.

Das Bild der Flügel ist von der Henne genommen, die ihre Küken um sich sammelt, oder auch vom Adler, der seine Flügel über sein Junges breitet, um es zu schützen und zu wärmen. So betet der Psalm:

Wirke das Wunder deiner Liebe!
Du rettest, die sich an deiner Rechten bergen
vor dem Feind.

Hüte mich wie den Stern deines Auges.
Verstecke mich im Schatten deiner Flügel.

PSALM 17,7–8

Hier bieten die Flügel Schutz vor dem Feind, der mich bedrängt. Das gilt nicht nur für die Menschen, die mich von außen anfeinden, sondern auch für die inneren Feinde. Ich brauche die Erfahrung Gottes, der mich mit seinen Flügeln bedeckt und beschützt vor den Feinden in meiner Seele, etwa vor der Angst, die mich in Griff nehmen will, vor der Verzweiflung, vor den Selbstbeschuldigungen und Selbstentwertungen.

Gottes Flügel bewahren mich vor den destruktiven Tendenzen meiner Psyche, vor den krankmachenden Lebensmustern. Im Psalm 61 werden beide Bilder zusammen gesehen: der Turm, der mich schützt, und die Flügel, die mich bergen:

Du bist meine Zuflucht,
ein fester Turm vor dem Feinde.
In deinem Zelt möchte ich Gast sein auf ewig,
im Schutz deiner Flügel mich bergen.

PSALM 61,4–5

Ein Lied, das mir persönlich seit meiner Kindheit Geborgenheit vermittelt, ist das folgende:

Wer unterm Schutz des Höchsten steht,
im Schatten des Allmächtigen geht,
wer auf die Hand des Vaters schaut,
sich seiner Obhut anvertraut.

GOTTESLOB 291

Dieses Lied ist eine Nachdichtung von Psalm 91, der am Sonntag in der Komplet gesungen wird, in dem Stundengebet, mit dem wir Mönche den Tag beschließen.

Vor der Nacht stellen wir uns unter den Schutz des Höchsten, um uns in der Nacht geborgen zu fühlen und geschützt vor Alpträumen, vor giftigen Schlangen oder vor Löwen und Drachen, die uns verfolgen. Im Psalm werden diese Bilder der Geborgenheit noch weiter ausgefaltet.

Mit deinen Schwingen deckt er dich,
du findest Zuflucht unter seinen Flügeln.
Ein Schild und ein Schutzwall ist seine Treue.
Du brauchst vor dem Schrecken der Nacht
nicht zu bangen,

noch vor dem Pfeil,
der am Tage daherschwirrt.

PSALM 91,4–5

Die Schrecken der Nacht, damit sind solche Alpträume gemeint, die uns erschrecken und verunsichern, die uns manchmal gelähmt und gerädert aufwachen lassen. Der Psalm nimmt auch ein weiteres wichtiges Bild der Geborgenheit auf: das Bild der Engel.

Denn er hat seinen Engeln befohlen,
dich zu behüten auf all deinen Wegen.
Sie werden dich auf Händen tragen,
damit dein Fuß an keinem Stein sich stoße.

PSALM 91,11–12

Der romantische Komponist Felix Mendelssohn Bartholdy hat in seinem Oratorium »Elias« diese Worte in seinem bekannten Engelsquartett wunderbar vertont. Wer diesen Gesang hört, der erfährt sich behütet und getragen, geborgen in den Händen der Engel. Die Musik vermittelt die Geborgenheit, die in den Worten des Psalmbeters zum Ausdruck kommt.

Spirituelle Wege zur Erfahrung von Geborgenheit

Wir können die Erfahrung von Geborgenheit nicht erzwingen. Aber die Wege, die uns die spirituelle Tradition anbietet, können uns helfen, uns geborgen zu fühlen. Ich möchte nur einige Wege kurz aufzeigen.

Gebetsgebärden

In verschiedenen Gebetsgebärden drücken wir Geborgenheit aus und können auch uns die Geborgenheit einüben. Da ist zunächst einmal die Gebärde der Schale:

Stelle Dich vor Gott und halte Deine Hände wie eine Schale vor Dich hin.
Du hältst in dieser Gebärde Dein Leben Gott hin. Du übergibst Dich Gottes Händen.
Zugleich kannst Du Dir vorstellen, dass Du mit

Deinem Leben in Gottes guten Händen geborgen bist. Deine Hände werden zum Symbol für Gottes Hände.
So wie Du mit Deinen offenen Händen einem kleinen Vogel Geborgenheit schenken könntest, so hält Gott Dich behutsam in seinen guten Händen.

Eine andere Gebetsgebärde wäre, die Hände über der Brust zu kreuzen. In dieser Gebärde ahmen wir Jesu Gebärde am Kreuz nach. Die Kreuzgebärde ist eine Gebärde der Umarmung. Am Kreuz umarmt uns Jesus mit all unseren Gegensätzen, mit allem, was in uns ist. So sagt Jesus im Johannesevangelium:

Vom Kreuz herab werde ich alle an mich ziehen.

JOHANNES 12,32

Wenn Du Dich in dieser Gebärde hinstellst, kannst Du Geborgenheit in Dir selbst erfahren:

Umarme in Dir das Starke und das Schwache, das Gesunde und das Kranke, das Gelungene und das Misslungene.
Gehe zärtlich mit Dir um.

Verzichte darauf, Dich zu bewerten.
Umarme alles, was in Dir ist, was an Gedanken und Gefühlen in Dir auftaucht.
Stelle Dir vor, dass Gott Dich so umarmt, wie Du es jetzt tust. So fühlst Du Dich in seinen guten, liebenden Armen geborgen.

Entspannungsübung

Eine Erfahrung, die wir immer wieder machen, ist, dass wir uns in unserem Körper verkrampfen. Weil wir uns ungeborgen fühlen, halten wir uns an uns selbst fest. Wir verkrampfen unsere Muskeln. Das ist sehr anstrengend – und viele Menschen machen verschiedene Entspannungsübungen, um die Anspannung wieder zu lösen. Man kann diese Entspannung aber auch bewusst als spirituelle Übung verstehen:

Lege Dich mit dem Rücken auf den Boden oder auf das Bett. Stelle Dir vor, dass Du in den Händen Gottes liegst.
Dann kannst Du Dir vorstellen, dass Du Dich in allen Bereichen Deines Leibes, in denen Du verspannt bist, in Gottes Hände hinein loslässt.
Stelle Dir dann vor, dass Du gar nichts leisten

musst, Dich weder beweisen noch rechtfertigen musst. Du liegst einfach in Gottes Händen, bist getragen, geliebt, angenommen, geborgen. Das kannst Du dann genießen.

Meditation

Ein anderer Ort, an dem ich Geborgenheit erfahre, ist die Meditation.

Ich persönlich setze mich zum Beispiel gerne vor eine Christus-Ikone, zünde eine Kerze an, lege meine Hände in die Brustmitte und verbinde mit jedem Atem das Wort:

Herr Jesus Christus
– beim Einatmen
erbarme dich meiner
– beim Ausatmen.

Ich spüre dann, dass ich nicht allein bin, sondern dass Christus mich mit seiner Liebe und seiner Barmherzigkeit in meinem Atem durchdringt. Ich fühle mich dann weniger getragen, sondern die Geborgenheit ist in mir selbst.

Ich bin mit mir selbst ganz eins. Ich spüre mich ganz und gar von Liebe erfüllt. Und das schenkt Geborgenheit. Ich kann ausruhen in dieser Liebe, die in mir ist und mit jedem Atemzug durch meinen Leib strömt.

Der heilige Raum

Viele Menschen erfahren im Gottesdienst Geborgenheit. Es gibt natürlich Gottesdienste, die an uns vorbeigehen. Wir spüren gar nichts. Vielleicht ärgern wir uns sogar über die moralisierende Predigt. Aber dann gibt es Gottesdienste, in denen wir uns richtig fallenlassen können. Wir fühlen uns getragen vom Gebet und vom Gesang der anderen. Wir müssen gar nicht glauben. Wir werden vom Glauben der anderen getragen.

Dann berührt uns auf einmal ein Wort oder ein Lied oder ein Ritual. Und wir schauen auf die Kirche, auf die Schönheit der Liturgie, auf die feierlichen Gewänder, auf die geschmückte Kirche, auf den Weihrauch. Die ganze Atmosphäre atmet Heiligkeit, und in diesem heiligen Raum fühlen wir uns geborgen.

Das griechische Wort für heilig heißt »hagios«. Davon kommt das deutsche Wort »behaglich«. Dort, wo das Heilige ist, wo ein Raum ist, der aus dem Machtbereich der Welt herausgenommen ist, dort fühle ich mich auch behaglich. Dort bin ich geschützt, befreit von negativen Mächten, die mir schaden möchten.

Und es ist oft die Gemeinschaft, die Geborgenheit schenkt. Auch wenn wir die Menschen, die mit uns in der Kirche sind, gar nicht kennen, so fühlen wir uns doch von ihnen getragen. Wir schauen in die gleiche Richtung, wir hören die gleichen Worte, wir singen die gleichen Lieder, wir vollziehen gemeinsam die Rituale. All das verbindet und schafft das Gefühl von Zugehörigkeit und von Geborgenheit.

Das Ziel aller geistlichen Wege – ob Gottesdienst, Gebet, Meditation und so weiter – ist, dass wir mit dem inneren Raum der Stille in uns in Berührung kommen. Dort haben die Menschen mit ihren Erwartungen und Sorgen keinen Zutritt. Es ist der Raum, in dem Gott selbst in mir wohnt. Gott ist das Geheimnis. Und dort, wo das Geheimnis in mir wohnt, kann ich in mir selbst daheim sein, bei mir selbst geborgen sein.

Dieser innere Raum wird in der geistlichen Tradition mit verschiedenen Bildern beschrieben. Eines dieser Bilder ist das Heiligtum. Im Hebräerbrief wird dieser Raum das Allerheiligste genannt, in das Christus durch seinen Tod hineingegangen ist. In dem Raum des Heiligen, des »Hagios«, können wir uns behaglich, daheim, geborgen fühlen.

Ein anderes Bild ist das des Tempels. Wir sind Tempel Gottes. Der Tempel in Jerusalem war für die Israeliten der Inbegriff von Heimat. So singt der Beter in Psalm 84:

Wie liebenswert ist deine Wohnung,
du Herr der Scharen!
Meine Seele verzehrt sich in Sehnsucht
nach den Höfen des Herren.

PSALM 84,2–3

Jährlich machten die Israeliten eine Wallfahrt zum Tempel. Dort sahen sie ihre Heimat, dort fühlten sie sich geborgen. So heißt es in einem alten Wallfahrtspsalm, den die Israeliten auf ihrer Wanderung nach Jerusalem sangen:

Welche Freude, da man mir sagte:
Wir ziehen zum Haus des Herrn!
Erbittet für Jerusalem Frieden!
Geborgen seien, die dich lieben!
Friede sei in deinen Mauern,
Geborgenheit in deinen Häusern!

PSALM 122,1.6–7

Frieden und Geborgenheit sind für die Israeliten identisch. Der Tempel – so sagen uns nun die Evangelisten, allen voran Johannes in seinem Evangelium – ist nun nicht mehr der äußere Tempel. Jesus selbst ist in seiner Person der Tempel.

Und durch ihn sind auch wir zum Tempel Gottes geworden. Doch oft haben wir unseren Tempel zur Markthalle gemacht. So vertreibt Jesus den Lärm und die Geschäftigkeit aus unserem inneren Tempel, damit sich in der Stille die Herrlichkeit Gottes in uns niederlassen kann (vgl. Johannes 2,13–22).

In sich selbst geborgen sein

Wenn wir an Geborgenheit denken, stellen wir uns meistens Menschen vor, die uns Geborgenheit schenken. Doch es gibt viele andere Orte, an denen wir uns geborgen fühlen können.

Vor allem aber geht es darum, in sich selbst geborgen zu sein, sich zu bergen in der Liebe Gottes, die in uns ist, daheim zu sein im inneren Raum der Stille. Wer bei sich daheim ist, der vermag überall daheim zu sein. Wer in sich geborgen ist, der fühlt sich auch bei Menschen geborgen. Und er wird selbst zu einer Quelle der Geborgenheit für andere.